AF586364

PROLOGUE HISTORIQUE
DE LA
RÉVOLUTION
FRANÇAISE.

Partie de l'Évangile, la civilisation moderne arrive, après bien des traverses, à la déclaration des droits de l'homme; le nœud de la révolution prend ses retours et ses replis dans les doctrines du Christ; c'est le principe d'égalité et de liberté qui a revêtu une forme humaine.

PAR Jph VAÏSSE.

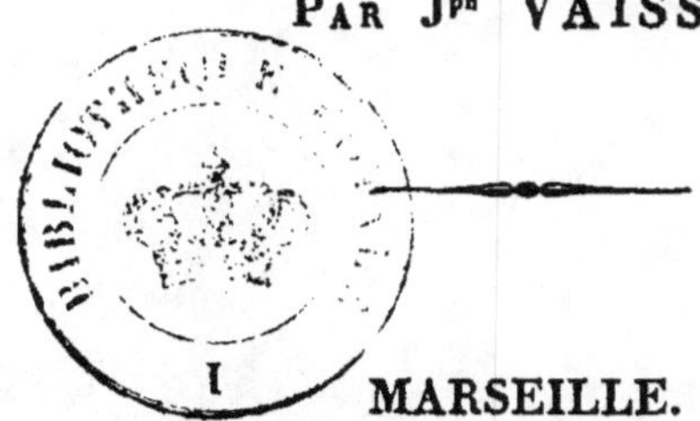

MARSEILLE.
IMPRIMERIE D'ACHARD, MARCHÉ DES CAPUCINS, N° 4.

1838.

J'avais achevé d'esquisser ces études préliminaires de la révolution, et j'en étais encore à chercher le mot de ses destinées. Il me répugnait de prendre pour base de ce développement social la fatalité; car la fatalité ne rend raison de rien; c'est une puissance brutale qui étouffe dans ses bras de fer la liberté, la vertu, le génie. Il serait temps, me disais-je, d'appliquer à l'histoire de la révolution un principe moral et avoué de tous; ce principe, je crois maintenant l'entrevoir: c'est le christianisme; lui seul peut nous réconcilier avec les crises, même les plus cruelles de cette sanglante époque. Dès lors, il s'est fait dans mes idées un grand coup de lumière; les hommes et les choses se sont présentés à mes yeux sous un jour tout nouveau. J'ai vu la société moderne, comme les initiés d'Éleusis, passer par de terribles

*

épreuves avant de pénétrer dans le sanctuaire de la civilisation. Depuis les martyrs de la foi jusqu'aux martyrs de la liberté, chacune des haltes de sa laborieuse carrière a été marquée par une crise sanglante, et chaque crise est l'histoire d'un triomphe. Partie du pied de la croix, l'Évangile d'une main et le glaive de l'autre, elle a traversé dix-huit siècles, renversant sur son passage toutes les barrières qui s'opposaient à sa loi de progrès. Demandez-vous quelle est cette loi de progrès? L'histoire est là qui vous répond : depuis la publication de l'Évangile jusqu'à la déclaration des droits de l'homme, voyez les hommes se rallier constamment autour de trois mots magiques : *liberté*, *égalité*, *fraternité*.

Je regrette sincèrement que le mode de publication que j'ai adopté (1) pour cet opuscule m'ait mis dans l'impossibilité d'en arrêter l'impression; le principe fécond que je viens d'exposer, et qui aurait dû servir de base à ces études, n'a pu y trouver place que d'une manière indicative et préparatoire. Je l'ai jeté en tête de mon prologue comme un bloc informe qui n'attend que la main d'un habile ouvrier pour revêtir des proportions harmonieuses. Le public appréciera ma sincérité et ma bonne foi.

(1) Par souscription.

PROLOGUE HISTORIQUE

DE LA

RÉVOLUTION FRANÇAISE.

Je vais exposer brièvement les causes qui ont donné lieu à cet événement arrivé une fois dans le monde et qui ne se renouvellera peut-être jamais : la révolution française ; événement qui a produit des maux passagers à côté de bienfaits durables, qui, en confondant tous les droits, en unissant tous les intérêts, en brisant tous les obstacles qui tentaient d'arrêter sa marche, a déterminé la juste règle des pouvoirs avec une inclinaison vers l'anarchie et provoqué l'anarchie avec une tendance à l'ordre, et a ramené violemment l'état à la liberté.

Au reste, qu'on ne s'imagine pas que l'établissement du régime nouveau est dû aux circonstances accidentelles qui ont servi à le faire naître ; les conflits d'autorité qui ont signalé les derniers règnes n'eurent par eux-mêmes aucune valeur morale ; tout leur mérite est d'avoir servi de milieu favorable à l'expansion de l'idée de progrès qui était en marche depuis bien des siècles. Ce ne sont point des intrigues de cour, des scandales de maîtresses, des concussions ministérielles, des embarras financiers qui ont fait la révolution ; il faut s'élever à des régions plus pures pour en découvrir la véritable origine ; la révolution date de bien loin ; c'est un drame immense qui se déroule à travers les âges, et dont la péripétie éclate après dix-huit siècles ; partie de l'Évangile, la civilisation moderne arrive, après bien des traverses, à la déclaration des droits de l'homme ; le nœud de la révolution prend ses retours et ses replis dans les doctrines du Christ ; c'est le principe d'égalité et de liberté qui a revêtu une forme humaine.

Il y a dix-huit siècles, le christianisme pétrit dans ses puissantes mains les débris des civilisations antiques, et bientôt l'on vit s'élever un monde nouveau. La société réorganisée reprit vie et mouvement, et les hommes entrevirent de plus heureuses destinées. Mais par combien de larmes et de tribulations l'humanité n'a-t-elle pas dû passer ? Que d'épreuves il lui a fallu subir pour arriver à cette transfiguration morale ? N'importe, l'oppression a beau se montrer sous toutes les formes, despotisme d'un seul, despotisme de quelques-uns, despotisme de tous, rien ne peut étouffer l'esprit de liberté que le christianisme a déposé, comme un souffle de vie, au sein des entrailles de la société. C'est en France surtout où la religion a pris originairement son point d'appui, que cet esprit rénovateur s'agite sans cesse; c'est en France que le christianisme a fait comme un centre commun aux grandes idées de réformes qui devaient plus tard déborder sur l'Europe: de là devait s'échapper le premier cri de liberté.

Je le répète, la révolution n'est point un fait social désordonné, incohérent, immoral, sans passé et sans avenir, l'œuvre enfin des passions, de la nécessité ou du hasard, mais bien une œuvre légitime, un dessein de Dieu, un accomplissement de la loi de progrès en vertu de laquelle il régit les sociétés, et la conséquence la plus avancée de la civilisation moderne.

C'est pour avoir méconnu ses tendances que des hommes tourmentés de passions mauvaises, se méprenant sur son véritable caractère, et faisant de la cause sacrée de l'humanité un but de vengeance ou d'intérêt particulier, ont souillé de nobles dévouements par d'affreux scandales. Ils ignoraient que la crise qui agitait en ce moment la France et l'Europe n'était que le retentissement des paroles du Christ : *liberté, égalité.*

Quoi qu'il en soit, tout le monde convient que la révolution n'a pas été l'ouvrage d'un homme, ni d'une classe; mais qu'elle s'est opérée par une suite de conséquences dont il faut rechercher le principe dans les temps qui l'ont précédée. Pour comprendre sa marche et ses résultats, voyons quelles furent les transformations et les déplacements successifs du pouvoir, depuis l'origine de la monarchie jusqu'à l'époque où elle éclata ; en effet, le nouvel ordre de choses se trouve si étroitement lié à l'ancien, qu'il est impossible de bien connaître l'un sans l'autre, et que tous les deux servent de base à l'histoire.

Au commencement de la monarchie, les rois tenaient de grandes assemblées qu'on appelait champs de mars ; c'est là que se décidaient les lois, la guerre, les finances. On sait de reste que l'érection aux grands offices, la majorité des rois, les limites de leur puissance, les procès des grands vassaux étaient déférés à ce tribunal suprême.

Les seigneurs s'y rendaient les arbitres de leurs princes, et les forçaient de s'accorder entre eux. Le clergé, investi d'une autorité que personne ne songeait à lui contester, tant qu'il la fit servir au maintien de l'ordre, d'ailleurs redoutable par ses immenses richesses et par l'influence qu'il exerçait sur les esprits, y avait préséance sur la noblesse.

Les rois étaient électifs-héréditaires; les grands, sous le nom de comtes ou ducs, gouvernaient les provinces, le domaine royal, la justice, les finances. Revêtus de la puissance militaire et de la juridiction civile, ils menaient les hommes libres à la guerre et rendaient la justice dans les tribunaux; établis d'abord pour un an, ensuite à vie, bientôt la faiblesse des rois les rendit héréditaires. Les fréquents partages de la monarchie, le désordre des guerres civiles, les ravages des Normands, amenèrent le gouvernement féodal. Ce changement s'opéra par la nécessité des circonstances, et causa de grands maux à l'état; les comtes se rendirent indépendants dans leurs domaines; le gouvernement politique s'écroula et menaça d'entraîner dans sa ruine le corps entier de la monarchie: à des attaques incessantes, et qui se multipliaient sur tous les points du royaume, il fallait opposer une résistance énergique, prompte, soutenue; c'est ce que l'on pouvait espérer de la centralisation des pouvoirs; le régime féodal, en divisant les forces de la nation, ouvrit la France aux incursions des barbares.

Les grands érigèrent leurs offices en patrimoines; ils gardèrent pour leur propre compte les droits de haute souveraineté dont ils n'étaient que les dépositaires, et se rendirent indépendans de l'autorité royale. A cette époque, les régimes privés succédèrent aux pouvoirs publics. Quatre-vingts ans de guerres intestines replongèrent la France dans les ténèbres; le flambeau des arts et de la civilisation, rallumé naguères par le génie de Charlemagne, s'éteignit sous le souffle glacé des barbares.

Nous marchons à grands pas vers la concentration du pouvoir. Dans l'origine, la nation était souveraine; les grands exerçaient le pouvoir politique dans le champ de mars, et les vassaux le pouvoir judiciaire dans les tribunaux; insensiblement la souveraineté était remontée; les grands en dépouillèrent le peuple; le droit de tous fut le privilége de quelques-uns, et finit par devenir le partage d'un seul.

Sortis de la Germanie, les Francs, ayant trouvé dans les Gaules l'usage de l'écriture, avaient rédigé leurs coutumes, et en avaient fait un corps de lois; ces lois, écrites par les rois de la première race, avaient péri par le changement des mœurs, par l'introduction du système féodal, par le fréquent usage du combat judiciaire, et en dernier lieu par les ravages des barbares; à cette époque, la civilisation avait fait un pas en arrière; des lois écrites on en était revenu aux coutumes locales; lorsqu'on recueillit encore ces coutumes et qu'on en fit de nouvelles lois, que la jurisprudence commença à se former, que le droit romain retrouvé en Italie, devint en France l'objet d'études spéciales, il se fit une révolution subite dans l'état. Les prud'hommes et les pairs, qui formaient les cours judiciaires, se trouvant pour la plupart illétrés, se retirèrent peu-à-peu des tribunaux; la justice resta entre les mains des baillis; les seigneurs purent en disposer à leur gré.

C'est alors que les rois créèrent des cours intermédiaires à qui on pouvait en appeler des jugements des baillis; le parlement, qui jusqu'alors n'avait connu que des affaires politiques, fut investi des affaires civiles, et les jugea en dernier ressort; et un seul de ces corps ne pouvant suffire au grand nombre d'affaires qui lui survenaient de toutes parts, on en créa plusieurs.

On vit alors se former un nouveau corps de privilégiés, la magistrature. Les rois l'opposèrent au clergé et à la noblesse. Le clergé, par sa formidable hiérarchie et son opulence, résista aux changements nouveaux, et se maintint dans ses priviléges; les affaires de ses tribunaux continuèrent à se régler par le droit canonique et les décrétales. La noblesse, dépouillée de ses droits politiques et de sa juridiction civile, invoqua en vain sa loi des fiefs. Le parlement favorisa d'abord l'autorité royale, et l'aida à dépouiller la noblesse et le clergé; plus tard, il voulut résister à ses injustes prétentions, et après avoir été l'instrument de la couronne, en devenir le contrepoids.

Enfin, une nouvelle puissance, le peuple, s'était élevée vers le commencement du douzième siècle; bientôt la plupart des villes eurent leurs municipes. Les rois favorisèrent l'érection des communes, et leur accordèrent les plus beaux priviléges. Dès-lors, il s'engagea, entre les seigneurs et les cités, une lutte violente et opiniâtre dont la royauté recueillit tous les fruits.

Les guerres saintes contribuèrent puissamment à développer ce nouvel ordre de choses; la plupart des seigneurs, pour subvenir aux dépenses qu'entraînaient ces expéditions lointaines, se virent forcés d'aliéner leurs fiefs. Plusieurs villes profitèrent de cette circonstance pour racheter leur liberté.

Louis-le-Gros et Philippe-le-Bel furent les plus

ardents promoteurs du municipe; ils admirent le tiers-état dans les assemblées du royaume, jusqu'alors composées du clergé et de la noblesse, et s'en firent un appui contre l'oppression des grands qui les tenaient comme en tutelle.

Ce fut la politique des rois; ils se servirent des communes pour abattre la puissance des seigneurs, et lorsque ces derniers furent réduits, ils enlevèrent aux cités les priviléges qu'ils leur avaient accordés; ils ôtèrent la connaissance des affaires civiles aux maires, échevins, consuls, *capitouls*, et autres magistrats des cités; jaloux de concentrer l'autorité, ils créèrent des cours de judicature dans les principales villes du royaume, et attirèrent presque toutes les affaires à leurs tribunaux. Enfin, après bien des tentatives, la plupart infructueuses, ils parvinrent à réunir dans leurs mains la puissance absolue, non comme émanée de la nation, mais comme attribut de leur prérogative royale.

Le parlement lui-même, qui avait combattu avec la royauté contre les seigneurs, se trouva en butte aux attaques de la cour, dès qu'il voulut s'opposer à ses édits injustes ou ruineux; les rois et la magistrature avaient fait cause commune contre l'aristocratie, ils se désunirent après la victoire. Le parlement voulut tourner contre la royauté la puissance qu'il en avait reçue ; investi de la confiance publique, et flatté du titre de vengeur de la liberté, que la nation lui décerna, il s'éleva de toute sa hauteur contre le pouvoir royal, et voulut lui fixer des limites ; d'abord, opprimé par Louis XIV, son ambition de corps et le souvenir de ses humiliations récentes le poussèrent à une résistance opiniâtre sous Louis XV. Dissous par ce monarque, il fut rétabli par son successeur, et ne tarda pas à recommencer son opposition systématique. Profitant du désordre des finances et des embarras du gouvernement nouveau, il s'engagea contre la cour dans une lutte à mort, dont les résultats furent le retour des états-généraux et la ruine de la monarchie absolue. Telle a été la marche du pouvoir en France jusqu'à la révolution de 1789.

Louis XIV comprima tous les ordres de l'état ; il réduisit les grands seigneurs au rôle de courtisans, dégrada les parlements, et ne leur laissa que le droit d'applaudir à son despotisme ; l'opposition eut beau revêtir mille formes, ce monarque impérieux ne lui laissa pas même l'asile des consciences. L'aristocratie par ses fréquentes révoltes, le parlement par ses remontrances, les protestants par une liberté de conscience illimitée, tentèrent en vain de lui résister. Après la guerre de la fronde, les grands furent définitivement abattus ; ils déposèrent les armes, et se laissèrent subjuguer par l'éclat des fêtes et l'attrait des plaisirs ; le juste-au-corps élégant et le chapeau à plumes du courtisan remplacèrent la cotte de mailles et le heaume du frondeur ; la présence des femmes à la cour acheva leur conquête. Dès-lors, l'ambition de ces fiers rebelles n'alla plus qu'à devenir les ministres du pouvoir royal. Enfin, la suppression des chambres du parlement et la révocation de l'édit de Nantes plongèrent la nation dans la torpeur et le silence de la servitude. Vers la fin du règne de Louis XIV, il n'y eut plus en France qu'un maître et des sujets. Ainsi, la royauté absolue effectua le nivellement des classes ; dès-lors, les inégalités sociales commencèrent à disparaître ; nous revînmes à l'égalité par la tyrannie d'un seul et par l'oppression de tous. Le despotisme fit table rase des priviléges, et prépara, sans s'en douter, un piédestal à la liberté.

Le règne de Louis XV ne fut qu'une longue suite de troubles et de débats avec la magistrature. L'épuisement du trésor, le scandale des maitresses, les dilapidations des courtisans ne lui fournirent que trop d'occasions d'exercer son ministère ; le parlement en profita pour attirer à soi le pouvoir. Louis XV cassa ses arrêts, humilia ses membres, et ils étaient encore sous l'anathème lorsque ce prince mourut. Rappelés par son successeur, ils revinrent avec des dispositions non moins hostiles; leur haine s'était accrue en raison des efforts dont on avait voulu les accabler.

La question des finances souleva bientôt, dans le sein de cette assemblée, une opposition plus ardente que jamais; l'on vit, dès-lors, s'engager, entre la magistrature et la cour, cette mémorable lutte qui ne se termina qu'à la révolution.

Louis XVI, élevé loin des affaires, jeune et sentant son incapacité, crut suppléer à son inexpérience par les conseils de Maurepas; mais ce vieux ministre, amolli par un long repos, incapable de se livrer au travail actif qu'exigeaient les circonstances, ne songea qu'à jouir tranquillement de sa faveur. Il multiplia les embarras du gouvernement et lui créa de nouvelles difficultés, par ses demi-mesures et ses changements de systèmes. Sa frivolité de courtisan lui fit commettre des inconséquences de pouvoir dont ses successeurs recueillirent les funestes résultats. La cour réclamait l'exercice de la souveraineté absolue, et demandait des sommes énormes pour satisfaire à ses dispendieux besoins. Le parlement proclamait les droits de la nation, et sa propre incompétence en matière d'impôts; pour concilier des prétentions si opposées, il fallait être régénérateur ou despote.

Louis XVI, d'un caractère timide et irrésolu, n'avait aucune des qualités politiques d'un grand roi. De mœurs douces, d'un esprit conciliant, il était moins fait pour commander que pour obéir, et paraissait plus grand dans sa famille que sur le trône; manquant de cette volonté forte qui fait les monarques, il ne sut ni limiter sa puissance, ni l'aggrandir, et fut lui-même victime de ses hésitations et de ses incertitudes.

Il fallait soumettre les privilégiés aux réformes ou la nation aux abus; le faible monarque ne sut pas prendre un parti et le suivre. De leur côté, les grands poussaient au luxe et à la prodigalité l'esprit naturellement vain et léger de la reine. Louis XVI, dominé par les charmes de sa jeune épouse, ne put résister à ses caprices; Marie-Antoinette était vive, spirituelle et ardente pour les plaisirs; ses immenses profusions, le ton de hauteur qu'elle affectait en parlant du peuple, et plus que tout cela, les cajoleries des courtisans qui exploitaient sa vanité, l'avaient décréditée dans l'opinion publique.

Cependant, de sourds mécontentements, une inquiétude générale, annonçaient l'agitation des esprits; la nation, livrée à un profond mal-aise, tourmentée par l'instinct de la liberté, se débattait sous le poids du despotisme; ne pouvant résister à l'ascendant de son génie, elle exhalait, dans des écrits pleins de feu, cette fièvre d'indépendance qui s'était tout-à-coup emparé d'elle. Toutes les intelligences, profondément émues, s'agitaient autour du grand problème de la civilisation; chacun voulait y mettre la main et tâchait d'éclaircir cette vérité sociale qu'on pressentait de toutes parts et que le temps devait bientôt formuler. Dès-lors, une opinion publique forte et éclairée soumit tout à son examen, les lois, le gouvernement, la religion. Des écrivains laborieux recherchèrent l'origine des droits et des devoirs; les abus furent dévoilés; on exposa les besoins, on signala les injustices. Le peuple s'éveillait de quatorze siècles de servitude. Jusqu'à cette époque, il n'avait été que l'agent des ordres privilégiés qui se disputaient le pouvoir; sous la féodalité, les rois l'avaient armé contre la tyrannie des seigneurs; sous le régime ministériel et fiscal, les seigneurs l'enrôlèrent contre l'autorité royale. Mais jusqu'alors, il avait combattu pour des intérêts qui n'étaient pas les siens;

maintenant, l'heure de son émancipation était venue; c'était pour sa propre cause qu'il allait rentrer dans la lice.

L'inquiétude et l'agitation régnaient sur toutes les classes; tous désiraient une réforme; le plus grand nombre par des vues d'ambition et d'intérêt particulier; peu par amour du bien public. Le parlement voulait accroître sa puissance: la noblesse, secouer le joug ministériel; les capitalistes et les rentiers, assurer leurs créances, et convertir la dette du trône en dette de l'état; la classe moyenne, qui formait la partie la plus éclairée de la nation, occuper dans la société le rang qui était dû à ses lumières et à ses richesses. Enfin, à côté de la vile populace, de ces hommes tourmentés de passions mauvaises, et prêts à servir d'instruments à tous les partis, le véritable peuple, fatigué d'une longue oppression, désireux d'agitation et de nouveautés, accueillait avec avidité tous les bruits sinistres qui menaçaient le trône.

Maurepas, uniquement attentif à la faveur de son maître, éloigna de la direction des affaires les hommes puissants par leurs alentours; il choisit, pour l'aider dans ses fonctions, des hommes nouveaux qui avaient besoin de son crédit pour se soutenir. Malesherbes, Turgot furent appelés au ministère. Malesherbes, placé à la tête de la maison du roi, investi de la dispensation des lettres de cachet et de toutes les rigueurs extrajudiciaires, essaya de soumettre aux règles de la justice l'exercice pleinement arbitraire de cette dangereuse autorité. Ce vertueux citoyen voulut donner à chacun ses droits; délivrer l'accusé des cours secrètes, l'écrivain des censeurs royaux; rendre aux protestants leur culte, à tous les Français l'exercice de leur liberté. Il déplut à la cour par ses projets de réformes, à Maurepas par l'ascendant que ses vertus lui donnaient sur Louis XVI, aux parlements par sa popularité; prévenant sa chute, il donna sa démission.

Turgot, génie lent et opiniâtre, méditait dans sa tête les importantes réformes dont la cour aurait pu, à cette époque, prendre l'initiative, et qui ne s'établirent depuis qu'en renversant le trône même. Il proposa la liberté du commerce, la suppression des corvées, l'abolition des maîtrises, l'équitable répartition des charges publiques entre tous les citoyens. Les privilégiés jetèrent les hauts cris; Maurepas et la reine, à leur tête, obtinrent du faible monarque le renvoi du seul homme qui pouvait sauver l'état.

Les tentatives de Necker ne furent pas plus heureuses; en arrivant au ministère, Necker trouva un déficit de cinquante-six millions; le crédit public était ruiné; la recette ne suffisait même plus aux dépenses ordinaires. L'habile ministre y suppléa par des expédients financiers; ses réductions de dépenses, ses sages économies, la confiance qu'on avait en ses lumières, rétablirent bientôt les affaires, il fit face aux besoins les plus pressants par le secours des emprunts, et essaya de terminer les embarras du trésor par le moyen des réformes; mais, comme Turgot, il rencontra l'opposition des premiers ordres de l'état. La résistance des parlements détermina sa retraite. Dès-lors, on put voir que le bien public n'était qu'un prétexte dont le parlement cherchait à colorer son ambition; déguisant ses projets de despotisme sous un air de popularité, il tendait, par une marche lente, mais constamment suivie, à se constituer, à l'exemple du parlement d'Angleterre, l'arbitre du pouvoir. Il s'élevait avec hauteur contre les déprédations des courtisans, invoquait les intérêts du peuple, alléguait les souffrances du pauvre, et cependant s'opposait à l'égale répartition de l'impôt et à l'abolition des corvées; la nation, ne démêlant pas bien encore ses vrais amis, applaudit sa résistance; à cette époque, la royauté s'était montrée populaire, le parlement injuste et tyrannique; mais lorsqu'un pouvoir est déconsidéré, on lui fait un crime de tout, même de ses tentatives de bien public.

Louis XVI, après avoir vainement essayé des projets de réformes sous des ministres populaires, retomba dans une imprudente sécurité sous un ministre courtisan. M. de Calonne, appelé à la direction des affaires, répandit à pleines mains les richesses de l'état sur les favoris de la reine. C'était un homme de belles manières, spirituel, brillant, fécond en ressources, et singulièrement propre à ruiner le crédit qu'avaient fait naître les sages économies de Necker. La reine, d'abord séduite par l'empressement du ministre à tout accorder, se plaignit bientôt de son impuissance à fournir au luxe et aux dépenses de la cour. En peu d'années, les emprunts s'étaient élevés à un milliard six-cent quarante-six millions, et le revenu présentait un déficit annuel de cent quarante millions. Tel était l'abîme qu'une administration dévorante avait creusé, et qui menaçait d'engloutir l'honneur du trône et l'existence des familles ; les anciennes ressources étaient épuisées, il fallait recourir à des combinaisons nouvelles pour éviter les malheurs d'une banqueroute. Calonne, pressé de toutes parts, rassemble à la hâte les débris des plans de Turgot et de Necker, et propose les assemblées provinciales et l'égale répartition de l'impôt sur tous les citoyens. Repoussé par le parlement, il convoque une assemblée de notables, et lui soumet ses plans d'administration financière. Mais l'opinion était prononcée contre ce ministre ; on lui en voulait d'occuper la place de Necker ; l'assemblée des notables, composée de citoyens pris dans les hautes classes, était peu disposée à sacrifier ses priviléges ; Calonne, outre le mauvais vouloir des notables, rencontra dans cette assemblée l'opposition ardente de Brienne, qui tendait de tous ses efforts à le remplacer au ministère. Il succomba, et Brienne, son antagoniste, fut appelé à lui succéder.

L'archevêque de Sens n'avait ni les idées fortes de Turgot, ni la saine expérience de Necker, ni l'audace de Calonne ; doué d'une élocution facile, il cachait sous de l'esprit naturel des vues étroites, incomplètes ; sous des idées brillantes, des notions vagues, superficielles en finances et en administration. Il pouvait se faire un appui de l'assemblée des notables, il la congédia ; ceux-ci répandirent dans toute la France ce qu'ils avaient appris du désordre des finances et de la faiblesse du gouvernement. Leur retour dans les provinces y sema le mécontentement et la plainte. Avant de se séparer, ils avaient approuvé un impôt sur le timbre et la subvention territoriale ; mais il restait à vaincre l'opposition parlementaire. Brienne essaya de tous les moyens pour y parvenir, il mit tour-à-tour en œuvre les promesses et les menaces ; tout fut inutile, le parlement persista dans son refus. Ce fut alors que Brienne se vit réduit à faire agir l'autorité royale. L'édit fut enregistré de force dans un lit de justice, le parlement exilé, ses fonctions législatives transportées à une cour plénière, et ses attributions judiciaires réduites en faveur de six grands baillages. La magistrature de Paris déploya la plus grande énergie, et fut imitée par la magistrature des provinces ; encouragée par l'opinion publique, elle protesta contre l'oppression ministérielle, proclama les droits de la nation, sa propre incompétence en matière d'impôts, et demanda le prompt retour des états-généraux.

En même-temps, des troubles éclatèrent dans les provinces : en Dauphiné, en Bretagne, le clergé, la noblesse, le tiers s'élevèrent contre le nouvel ordre judiciaire. La cour plénière ne put ni se former, ni agir. Brienne, après avoir essuyé la résistance de tous les ordres de l'état, fut forcé de se retirer, et conseilla au roi le rappel de Necker. Avant de quitter le ministère, et comme pour se venger des difficultés d'une position qu'il n'avait pas faite, mais qu'il avait eu la témérité d'accepter, il livra aux publicistes les constitutions de la monarchie, à la nation la promesse des états-généraux.

L'opinion publique prévalait, le retour de Necker fut un véritable triomphe qu'elle remporta sur la cour. Le parlement rétabli reprit ses attributions politiques et judiciaires; la cour plénière fut abolie, les baillages détruits, la prochaine convocation des états-généraux réitérée le 8 août 1788, et leur ouverture fixée au 1er mai 1789.

C'est ainsi que le peuple, exclu jusqu'alors du cercle gouvernemental, parut tout-à-coup sur les hauteurs de l'horizon polilique. Le parlement, prévoyant qu'il allait être anéanti par cette nouvelle puissance, eut beau invoquer, pour la tenue des états de 1789, les formes de 1614; le doublement du tiers, réclamé par les lumières de l'époque, fut résolu par une assemblée de notables, et amena le vote par tête; le parlement, qui s'y était opposé, perdit sa popularité. La noblesse et le clergé se prononcèrent pour la séparation des ordres, et l'opinion publique les abandonna; tous les corps de l'état, qui s'étaient jusqu'alors disputé le pouvoir, et qui, cachant leur ambition sous le prétexte du bien public, avaient combattu la royauté, se liguèrent avec elle contre le peuple. Reculant d'effroi devant cette terrible puissance populaire qui menaçait de tout envahir, ils se réunirent pour l'opprimer.

Mais le temps des doléances était passé; la nation ne devait plus, comme autrefois, être introduite en suppliante dans la salle des états pour y être taillée à merci et miséricorde; convoqués au milieu des lumières du 18me siècle, et dans une crise encore plus sociale que financière, ses représentants étaient appelés, non plus à stipendier la royauté, mais à régénérer l'état. La révolution était faite dans les idées; les états-généraux, transformés bientôt en assemblée nationale, n'eurent qu'à lui apposer le sceau de la légalité; alors, tout fut dit pour l'ancien régime, les priviléges furent abolis, l'égalité reparut parmi les citoyens.

Toutes les idées étaient tournées vers un but sublime: la liberté; mais il fallait pour y atteindre une volonté forte, une opiniâtreté qui redoublât en raison des obstacles. La révolution eut à lutter au dedans et au dehors de la France; elle triompha de tous ses ennemis; les privilégiés voulurent entraver sa marche, et lui résister à main armée, elle les battit et les proscrivit. Ils cachèrent sous le voile de la démocratie leurs vues ambitieuses et leur mépris pour le peuple, elle les démasqua et les livra aux tribunaux. L'Europe tenta vainement de l'asservir; poussée à la colère par d'imprudentes menaces, la révolution jeta à l'Europe une tête de roi pour gage de bataille; la lutte s'engagea, et l'Europe vaincue fut forcée au silence. Pendant vingt-cinq ans, la lave révolutionnaire battit à flots pressés l'édifice à demi ruiné des institutions, des lois, des mœurs, reste de la barbarie du moyen âge; l'ancienne société fut dissoute sous la constituante, la nouvelle s'établit sous l'empire. Et puis, on retira de dessous l'échafaud le cadavre encore sanglant de la royauté absolue, et on le décora du nom de monarchie constitutionnelle; mais cette fois-ci, une royauté mensongère ne fit plus descendre ses pouvoirs du Ciel; le droit divin fut aboli, la souveraineté vint de bas en haut, et la nation en fut solennellement reconnue le propriétaire légitime. Ainsi s'accomplissaient, après dix-huit siècles, les sublimes paroles du Christ: *que celui qui veut être le premier entre tous, ne soit que le serviteur de ses frères.*

FIN.

www.ingramcontent.com/pod-product-compliance
Lightning Source LLC
LaVergne TN
LVHW052020160826
845678LV00003B/1136
* 9 7 8 2 3 2 9 6 4 6 9 6 1 *